CHAMBRE DE COMMERCE DE MULHOUSE

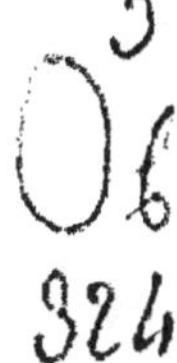

RAPPORT

SUR

L'INAUGURATION DU CANAL DE SUEZ

PRÉSENTÉ A LA

CHAMBRE DE COMMERCE DE MULHOUSE

PAR SON DÉLÉGUÉ

LOUIS BIAN

————◦◦◦❈◦◦◦————

MULHOUSE

Imprimerie de L. L. Bader

—

1870

Monsieur le Président et Messieurs les Membres

de la Chambre de commerce de Mulhouse.

MESSIEURS,

Vous m'avez fait l'honneur de me désigner comme délégué de la Chambre de commerce, pour assister à l'inauguration du canal maritime de l'isthme de Suez, *de même que pour prendre part à la réunion commerciale universelle convoquée au Caire.*

Permettez-moi, Messieurs, de mettre sous vos yeux un rapport très-sommaire de mon voyage, et d'y traiter en peu de mots les questions qui peuvent vous intéresser plus spécialement.

Tout d'abord je me plais à reconnaître, Messieurs, que le titre de délégué commercial de votre Chambre a puissamment contribué à me rendre, en toutes circonstances, ce voyage facile et agréable. — Je dois ajouter que ce n'est pas sans éprouver un sentiment de fierté, comme Alsacien, que j'ai pu constater combien, jusque dans ces pays éloignés, le nom de Mulhouse est à la fois connu et respecté.

Le conseil d'administration du canal de l'isthme avait affrété le paquebot *le Péluse* des Messageries impériales pour le transport de ses membres. Il avait bien voulu m'agréer comme passager sur ce beau navire.

Il m'est agréable de rappeler ici le bienveillant accueil de Messieurs les administrateurs, et les rapports courtois qui se sont établis aussitôt entre eux et ceux qui, comme moi, avaient place sur le même bord.

Le rendez-vous avait été fixé à Marseille, le 8 Novembre; le même jour, à 4 heures du soir, le navire appareillait pour Port-Saïd. Nous arrivions en rade de cette ville le 14, à 11 heures du matin, après cinq jours et demi de navigation, en moyenne facile.

Port-Saïd est la première station où commencent les immenses travaux du percement de l'isthme. La rade se présente spacieuse et belle; elle est protégée sur ses côtés, comme chacun sait, par deux jetées immenses, l'une de 1800, l'autre de 2800 mètres de long.

Leur construction hardie a été très-difficile et coûteuse.

Elles sont formées d'énormes blocs artificiels, les premiers immergés à la volée sur une largeur de 30 mètres, puis, quand on est arrivé à une certaine hauteur, posés successivement et avec soin. Ces jetées présentent à la partie supérieure une plateforme large de 4 mètres.

Le port occupe une superficie d'environ 52 hectares, divisés en quatre bassins, et sert de tête de ligne au canal. Cet emplacement n'était primitivemement qu'une plage sablonneuse, très-peu immergée; c'est au moyen de dragues qu'on a dû creuser à la profondeur de 8 mètres.

A notre arrivée à Port-Saïd, environ 60 navires de toutes dimensions, venus de tous les pays, stationnaient dans le port. Le vice-roi, à bord de son yacht, avait devancé l'arrivée des souverains, ses hôtes: l'impératrice des Français et l'empereur d'Autriche étaient attendus pour le lendemain.

A peine notre navire avait-il jeté l'ancre qu'une acclamation générale, partie de son bord, saluait M. de Lesseps qui, sur une petite barque, abordait *le Péluse.*

Rien ne saurait dépeindre l'enthousiasme avec lequel fut accueilli cet homme illustre qui, par son génie et sa constance énergique, a su mener à bonne fin cette œuvre gigantesque.

Quelques instants après, nous débarquâmes, la plupart de nous ravis de sentir la terre sous leurs pieds. Nous visitâmes Port-Saïd; je ne saurais dire notre étonnement, à la pensée qu'il y a quelques années à peine, l'emplacement où est située cette ville était encore un désert.

Port-Saïd possède aujourd'hui de belles constructions, des rues animées, des magasins, des hôtels, avec une population d'environ 15,000 âmes; il n'est pas à douter que cette ville ne soit appelée à un développement immense.

Le soir, tout était en fête pour l'inauguration du canal; la ville, de même que tous les navires en rade, était illuminée : le yacht du vice-roi se distinguait entre tous par sa splendeur.

Le lendemain, 15 Novembre, arrivèrent successivement plusieurs souverains et princes. Un grand nombre de paquebots et navires, empressés de prendre part à l'ouverture de la nouvelle voie de navigation, entrèrent majestueusement dans le port.

Le 16, vers 10 heures du matin, *l'Aigle* amenait l'impératrice des Français; son apparition fut signalée par un enthousiasme général; la ville et les navires rivalisèrent d'acclamations; les saluts d'artillerie retentissaient partout. Le restant de la journée se passa en fêtes.

Le 17, à 11 heures du matin, fut donné le signal de départ pour le canal. *L'Aigle* ouvrait la marche, suivi par les bâtiments portant le vice-roi d'Egypte et l'empereur d'Autriche. Puis arrivaient, espacés à environ 100 mètres de distance l'un de l'autre, les nombreux navires de toutes sortes et de toutes les nations. *Le Péluse* était le 8ᵉ en rang. Nous entrons dans le canal, qui se présente à nous magnifique; sa largeur, en cet endroit, est de 100 mètres; ses bords sont bien intacts; les navires filent une bonne vitesse. Rien de plus surprenant que ces grandes masses avec leurs mâts élevés, leurs cordages, leur pavillons, qui semblent se promener au milieu des terres.

Nous nous dirigeons vers Ismaïlia, qui est le port inter-médiaire entre Port-Saïd et Suez. La distance est d'environ 70 kilomètres; nous la franchissons en six heures. Déjà les premiers bâtiments étaient dans le port, lorsque *le Péluse*, arrivant à son tour, échoua et fut arrêté ainsi environ quatre heures, durant lesquelles presque tous les navires qui étaient à l'arrière passèrent à côté de lui. Enfin il put se dégager et entrer en rade vers dix heures. Il fut constaté que le navire avait dévié par la mauvaise manœuvre du pilote qui était venu en prendre la direction. On reconnut, en outre, plus tard, que l'hélice du navire avait ramassé au fond du canal une grosse chaîne de drague qui, s'étant enroulée autour de l'hélice, avait occasionné la rupture d'une aile. Cet accident ne fut constaté qu'à Suez : il a bien pu contribuer à ce premier échouage, de même qu'au second, dont je parlerai plus loin. D'un autre côté, il faut remarquer que *le Péluse*, le plus gros des navires venus pour l'inauguration, a un très-fort tirant d'eau. Il n'est donc nullement étonnant qu'il ait pu subir des accidents de cette nature. A cette heure, le canal ne présentait pas encore partout sa profondeur réglementaire de 8 mètres ; à certains endroits, la sonde ne donnait que 6 mètres. Il faut toutefois constater que plusieurs navires ont pu facilement passer à côté du *Péluse*, pendant que celui-ci était engravé, ce qui prouve bien que le chenal lui-même était libre et qu'il présente une largeur suffisante.

Le soir, tous les bâtiments partis de Port-Saïd le matin étaient à l'ancre dans le port d'Ismaïlia. Ils étaient au nombre de 60 environ.

Le bassin d'Ismaïla est le résultat d'un travail gigantesque : il a une longueur d'environ 2,000 mètres, sur une largeur de 1,500 mètres ; il occupe une partie du lit d'un ancien lac desséché (*le Timsah*), qui n'avait qu'une faible profondeur avant que la main de l'homme ne l'ait changé en un splendide port intérieur.

La Compagnie de Suez a dû faire creuser ce bassin pour lui donner une profondeur moyenne de 8 mètres.

Sur ses bords s'élève la ville d'Ismaïlia, qui, comme Port-Saïd, est une création improvisée au milieu du désert. Cette ville, plus belle que Port-Saïd, est le quartier-général de l'administration des travaux du canal: sa population atteint 12,000 habitants. On y remarque de belles constructions, de grands magasins de tous genres; ses rues sont régulières, populeuses et très-animées. L'ensemble a un aspect presque élégant. Le vice-roi y a fait bâtir deux palais; l'un, en ville, c'est là qu'a été célébrée la fête de l'inauguration; l'autre, hors de ville, est une résidence de campagne.

C'est à Ismaïlia que vient toucher le chemin de fer de Suez à Alexandrie; c'est aussi là qu'aboutit une branche du grand canal d'eau douce, établi par les soins de la Compagnie. Ce canal, partant du Nil et prolongé jusqu'à Suez, a une longueur d'environ 220 kilomètres, sur 17 mètres de largeur à la ligne d'eau, avec 2 mètres à 2 mètres 50 de profondeur.

Il est navigable pour les chalands et grosses barques.

Tout en servant de voie de communication, il amène l'eau douce qui fertilise d'immenses terrains, et rend ainsi à la vie et à la végétation toute une zône du désert.

Il alimente la ville d'Ismaïlia, d'où les eaux sont aussi conduites par une file de tuyaux, placés dans les digues du canal, jusqu'à Port-Saïd. Ces deux villes, de même que les contrées environnantes, étaient naguère privées d'eau potable, à ce point que, pour le service des premiers travailleurs employés au canal, il a fallu en apporter, à travers le désert, à dos de chameau, à plus de 50 kilomètres de distance.

Les fêtes dont Ismaïlia a été le théâtre, nous retinrent deux jours. On estime à plus de 50,000 le nombre des curieux ou intéressés réunis dans cette localité, et venus de tous les points du globe.

On remarquait surtout plus de 10,000 Arabes et Turcs, qui, répondant à l'appel du vice-roi, étaient accourus des contrées les plus éloignées, sous la conduite des Scheicks ou chefs de tribus; ils avaient formé auprès d'Ismaïlia un campement vaste et bariolé, où s'étalaient toutes leurs richesses.

On trouvait chez eux une cordiale hospitalité, qu'ils exerçaient tout en témoignant leur admiration pour l'œuvre des Occidentaux.

Ce contact entre des populations qui se connaissaient si peu, ne sera point sans exercer une influence considérable sur l'avenir des tribus arabes, leurs relations avec nous, et j'ajouterai leur civilisation.

Notre seconde étape devait nous conduire aux lacs Amers, à une distance de 25 kilomètres. Le départ d'Ismaïlia eut lieu le 19, à midi. Nous mîmes 6 heures à faire ce trajet.

Les lacs Amers ont une longueur de 40 kilomètres; le canal les traverse de part en part.

Dans cette deuxième section du trajet, le canal présente une largeur d'environ 60 mètres, les bords sont en grande partie empierrés; du reste, toutes les parties des berges paraissent solides et en état de résister au remou produit par le passage des navires.

Après avoir passé la nuit dans les lacs Amers, on se mit en route le 20, pour franchir la dernière partie du canal.

La distance entre l'extrémité des lacs Amers et Suez est d'environ 22 kilomètres. Nous les franchîmes en 5 heures environ. Ce trajet se fit facilement et sans encombre en général; cependant, au moment d'entrer en rade, *le Péluse* échoua de nouveau et ne put être dégagé que quelques heures après.

Nous avons dit plus haut à quelle cause ce double accident doit être attribué.

Je ne parlerai d'ailleurs pas de Suez, qui, chacun le sait, était déjà le port le plus important de la mer Rouge et qui, par suite de l'ouverture du canal de Suez, va prendre un développement tout à fait exceptionnel.

Nous avions franchi le canal dans toute sa longueur, d'à peu près 160 kilomètres.

A Suez, il fut accordé quelques jours aux passagers, avec faculté de rejoindre à Ismaïlia. Nous profitâmes de ce trop court délai pour visiter le Caire et ses environs, et le 25 Novembre nous rejoignîmes à Ismaïlia *le Péluse*, pour gagner Port-Saïd.

Ce trajet de retour se fit sans aucun accident. Nous rencontrâmes en route un grand voilier français à trois mâts, remorqué par un vapeur qui le menait à Suez. Le moment était intéressant pour juger de la facilité plus ou moins grande avec laquelle les deux navires se croiseraient. Lorsqu'ils se trouvèrent à une petite distance l'un de l'autre, le trois-mâts se rangea du côté droit du canal, s'arrêta un instant, et *le Péluse* passa à côté sans peine.

Après une journée d'arrêt, nous quittâmes Port-Saïd le 29 Novembre, pour regagner la France.

Tel est, Messieurs, le simple et sommaire résumé de mon voyage. Il me reste maintenant à vous faire connaître mon impression sur ce gigantesque travail. Je n'hésiterai pas à dire, avec la plus profonde conviction, que je considère cette œuvre et son résultat comme parfaitement et glorieusement assurés.

Certes, il y a des compléments de travaux à exécuter (je reviendrai là-dessus plus tard), il n'a pas été possible de parachever le tout pour la date fatale et sans remise; mais n'a-t-il pas fallu une confiance inébranlable et sans bornes comme celle dont M. de Lesseps était animée, je dirai presque de la témérité, pour oser ainsi fixer, six mois à l'avance, le jour de l'inauguration d'une entreprise énorme, alors qu'il restait encore d'immenses travaux à exécuter, à tel point que la veille même de l'inauguration, plusieurs milliers d'ouvriers étaient encore sur les chantiers, préparant et rendant possible le passage.

Pas un navire d'essai n'avait franchi le canal avant le 17, et c'est *l'Aigle* qui, suivi d'une flotte entière, a, en même temps, fait ce premier essai et ouvert la nouvelle voie; aucun obstacle sérieux ne s'est présenté.

Pour moi, je ne puis prévoir d'empêchement qui puisse, par la suite, entraver la navigation des bâtiments de tous tonnages.

Les berges paraissent affermies et en parfait état; et il sera facile de les consolider encore, soit par des enrochements relativement peu coûteux, soit par d'autres moyens qu'indique la science de l'ingénieur, à supposer que les sables n'offrent pas une résistance suffisante, ce que rien, jusqu'à présent, ne laisse présager.

La question d'ensablement du canal, qui paraît tout particulièrement préoccuper l'opinion publique, ne me semble pas à craindre; les sables ne sont pas aussi mouvants par les vents qu'on est tenté de le croire, et les berges offrent une garantie suffisante à cet égard.

Les ensablements ne sont pas non plus à redouter aux deux embouchures du canal, celles-ci donnant sur une rade abritée. Si, d'ailleurs, l'entretien réclamait de nouveaux efforts, les dragues immenses et perfectionnées que possède la Compagnie sont là pour y pourvoir.

La meilleure preuve en est dans ce fait que, depuis plusieurs années que le canal est commencé, il ne s'est produit aucune avarie, aucun dégât de cette nature.

Quelques parties du canal n'ont pas, il est vrai, la profondeur voulue de 8 mètres; mais ce sont là précisément les travaux qui restent à faire et qui n'avaient pu être achevés pour le jour de l'inauguration.

D'après des informations qui m'ont été fournies par Messieurs les ingénieurs, et que j'ai tout lieu de croire exactes, il resterait à enlever, pour donner au canal cette profondeur réglementaire sur tout son lit, environ un million de mètres cubes. Or, selon les calculs basés sur l'expérience et avec un outillage qui a fait ses preuves, il y aurait à peine pour deux mois de travail.

Donc, dans un délai très-rapproché, le canal pourra être complètement achevé et livré à la circulation, conformément au programme de la Compagnie, et on peut, dès aujourd'hui, considérer comme exécutée cette voie nouvelle de communication, qui met en rapport direct et facile les millions et les millions d'hommes qui peuplent l'Orient et l'Occident !

Outre les immenses avantages qu'elle offrira au commerce et à l'industrie, cette grande entreprise n'ouvre-t-elle pas une ère nouvelle au progrès, à la civilisation et au bien-être des habitants des plus lointaines contrées ?

En ce qui touche nos rapports spéciaux avec l'Inde, les résultats les plus heureux se montrent déjà dans une prochaine perspective.

D'après une lettre de Bombay du 24 Décembre 1869, le fret de cette place à Marseille, par steamer direct par Suez, était coté livres st. 2.17 à livres st. 3 (soit fr. 71.25 à 75) et livres st. 3.10, embarquement Janvier par voilier (voie du Cap) ; celui-ci sans preneur.

On se rappellera que l'année dernière le fret par steamer (voie Suez, chemin de fer par l'Egypte) était de livres st. 7, soit fr. 175, et par voilier (voie du Cap) livres st. 2.10, soit fr. 62.50.

Le prix de transport des Indes à Marseille est donc dès aujourd'hui, à peu de chose près, coté au même prix par steamer qu'il l'était l'année dernière par voilier; or, si vous considérez que par steamer les marchandises arrivent en six semaines environ, tandis qu'il faut cinq à six mois par voilier, vous vous demanderez quel est le négociant qui ne donnera pas la préférence à ce mode de transport, qui le mettra en possession de sa marchandise, rendue au port français en six semaines, au lieu de courir la chance de l'inconnu en l'attendant cinq ou six mois? La réponse n'est pas douteuse : le canal aura la préférence; mais il l'aura surtout quand, au lieu de six semaines, il pourra amener son fret en 25 ou 30 jours; car c'est bien là, Messieurs, le juste temps que réclamera désormais la navigation à *vapeur directe* entre Bombay et Marseille.

Le canal de Suez ne fera-t-il pas une révolution dans les transports par eau, pour ces parages lointains? La navigation à vapeur ne remplacera-t-elle pas la navigation à voiles? J'en ai la conviction, et j'ai vu partager cette opinion par plus d'un armateur important et expérimenté. Ainsi, le canal aura résolu ce grand problème, le premier de tous en matière commerciale : économie et célérité.

En ce qui concerne les recettes que pourra donner le canal comme entreprise industrielle, j'ai entendu des personnes vouloir en calculer le produit d'après le nombre de tonnes qui forment le trafic actuel entre ces pays éloignés et l'Europe. Mais est-il possible d'évaluer, à l'avance, l'importance d'un mouvement qui a pour base un rapprochement de deux mille lieues entre des populations qui se comptent par centaines de millions, à chacune des extrémités de la ligne.

L'expérience n'a-t-elle pas prouvé, enfin, que la facilité des communications fait tripler, quadrupler des rapports que l'on croyait déjà arrivés à leur limite maximum.

D'après ma manière de voir, le canal de Suez produira certainement cet effet; il sera alors la voie de communication nécessaire pour tous les intérêts qu'il est appelé à desservir, c'est-à-dire à ceux du monde entier.

S'il m'était permis d'exprimer une dernière pensée, c'est que toutes les nations civilisées devraient s'entendre pour une association grandiose, racheter le canal de Suez, en doubler la largeur, en faire pour tous un passage libre et neutre, et garanti contre les éventualités de guerre.

Ce serait un pas immense vers le progrès et la civilisation universelle, et un honneur pour les nations qui, en prenant l'initiative, feraient réussir un pareil projet.

Pour conclure, Messieurs, j'ose espérer que vous voudrez bien vous associer au sentiment de respect et d'admiration dont je consigne ici l'expression :

A Monsieur de Lesseps, dont le génie a su concevoir et dont l'énergie a su mener à bonne fin la grande œuvre du canal de Suez ;

Au khédive qui en a facilité l'exécution, et a donné ainsi la preuve d'un esprit éclairé et civilisateur auquel l'Europe doit hommage et reconnaissance.

P.-S. — Je joins à ce rapport un volume auquel on peut avoir recours pour tous les détails concernant le canal de Suez. Je vous prie, Messieurs, de me permettre d'en faire hommage à la Chambre de commerce.

En ce qui concerne la Réunion commerciale du Caire, j'aurai l'honneur de vous adresser un petit rapport spécial.

Mulhouse, Imp. de L. L. Bader.